MINOTAURUS AAN BANDEN

ARJAN VLIEGENTHART

Minotaurus aan banden

Hoe Europa in crisis raakte en
hoe we daar weer uitkomen

van**gennep**

amsterdam

Eerste druk augustus 2012

© 2012 Arjan Vliegenthart / Uitgeverij Van Gennep
Nieuwezijds Voorburgwal 330, 1012 RW, Amsterdam
Ontwerp omslag: Léon Groen
Drukwerk: Hooiberg | Haasbeek, Meppel
isbn: 9789461641793
nur: 740

Inhoud

Voorwoord: Europa is geen mythe

Europa heeft een rijke historie. Ons continent wordt gekenmerkt door een grote verscheidenheid aan tradities, een diversiteit aan waarden, een boeiende schakering van culturen en een veelheid aan gemeenschappen. Toch heeft Europa ook veel gemeenschappelijks. Daarbij is de Grieks-Romeinse invloed in veel opzichten van groot belang geweest. Belangrijke elementen van deze beschaving bepalen vandaag de dag nog de gang van zaken in het continent. We hebben de democratie mede aan haar te danken.

De Grieken waren, net als veel andere Europese volken, dol op mythologie. Een aantal van deze Griekse mythen is tot op de dag van vandaag nog bekend. Zo ook de mythe van Europa. Deze Fenicische prinses was zo mooi dat oppergod Zeus verliefd op haar werd. Om zijn eigen vrouw Hera om de tuin te leiden, veranderde Zeus op een dag in een witte stier en trok daarmee de aandacht van de prinses. Toen zij echter op zijn rug was geklommen, stormde Zeus met haar weg naar het eiland Kreta, waar hij zijn ware gedaante liet zien en de liefde met haar bedreef. Op het Griekse twee-eurostuk is deze geschiedenis afgebeeld.

Als gevolg van haar relatie met Zeus kreeg Europa drie zonen, waaronder de latere koning van Kreta, koning Minos. Maar om koning te worden, moest Minos wel afrekenen met zijn broers, die ook aanspraak maakten op het koningschap. Hij riep daarbij de hulp in van Poseidon, de god van de zee. Die stuurde hem een witte stier, een teken voor iedereen dat Minos rechtmatig aanspraak kon maken op de troon. Poseidon verbond daar echter de voorwaarde aan dat de stier direct geofferd zou worden. Dat deed Minos echter niet: hij hield de stier. Uit wraak zorgde Poseidon ervoor dat de vrouw van Minos verliefd op deze stier werd en er een kind mee kreeg, die half mens, half stier was: de Minotaurus. Deze Minotaurus werd opgesloten in een labyrint dat koning Minos voor hem bouwde. De Minotaurus voedde zich met mensenvlees. Daarom werden er jaarlijks zeven Atheense jongens en zeven Atheense meisjes het labyrint in gedreven, waar ze niet meer levend uitkwamen. Dit duurde voort totdat Atheense koningszoon Theseus met hulp van de dochter van Minos, Ariadne – die op Theseus verliefd was geworden – de Minotaurus versloeg, hem doodde en de weg uit het labyrint vond.

In de Griekse mythologie werd Europa geschaakt door Zeus en baarde zij koning Minos die het labyrint voor de Minotaurus bouwde. De huidige crisis lijkt, wellicht veel meer dan we willen, op deze verhalen uit de Griekse mythologie. Het huidige Europese integratieproject is ontvoerd zonder dat de belangrijkste betrokkenen, de Europese burgers, daar zelf iets over te vertellen hadden. Sinds het Verdrag van Maastricht (1992) is Europa als een stier op hol geslagen – met als resultaat de economische en financiële crisis waar de Europese Unie nu in verkeert. Een van kinderen van deze ontvoering, de totaal losgeslagen financiële markt, fungeert vandaag de dag als een ware Minotaurus, die steeds nieuwe offers verlangt. Offers die de burgers van Europa moeten betalen en die de bestaande sociale, economische en democratische verhoudingen uit het lood slaan.

Zijn verhalen over Europa en de Minotaurus nog mythen, de ontsporing van de Europese Unie is reëel. Over deze ontsporing gaat dit pamflet, dat de huidige crisis in een bredere context plaatst en uitwegen uit het huidige labyrint voorstelt.

1. Inleiding: de crisis in Europa

Europa heeft een Theseus nodig, een politiek en politici die hun verantwoordelijkheid nemen en de strijd met de Minotaurus aan durven gaan. De generatie die op dit moment aan het roer van Europa staat, is alleen geen Theseus. Die ziet de problemen waar ze voor staat, maar durft geen fundamentele keuzes te maken. Zij dwaalt voort in een labyrint, zonder strijdplan en zonder idee over hoe de weg naar de uitgang van de crisis gevonden zou kunnen worden. Dat we in de problemen zitten, erkent ze wel.

Het was niet meer dan een voetnoot tijdens de Algemene Financiële Beschouwingen in de Eerste Kamer in november 2011. Tussen neus en lippen door erkende minister De Jager dat 'met de kennis van nu destijds de euro niet zo zou zijn ingevoerd'. Tegen SP-senator Geert Reuten zei De Jager dat er veel weeffouten in de euro zitten, die nu moeilijk te verhelpen zijn. De Jager stelde vast dat er bij de invoering van de euro onvoldoende acht is geslagen op de grote verschillen tussen de deelnemende landen en hun economieën.

Het is een nuchtere en eerlijke vaststelling: Europa verkeert in crisis – en deze crisis is het gevolg van structurele weeffouten in de ontwikkeling van de Europese Unie. De structurele weeffouten in het Europese integratieproject zijn echter geen natuurverschijnsel. Zij zijn het gevolg van het handelen van de politiek verantwoordelijke beleidsmakers. Het verhaal van deze structurele weeffouten is dan ook nauw verbonden met het verhaal van de neoliberale afslag die Europa eind jaren tachtig van de vorige eeuw nam en waar we nu de wrange vruchten van plukken. Een indrukwekkend naoorlogs samenwerkingsproject werd gekaapt door economische machten die volledige vrijheid van handelen eisten, los van de samenleving.

De crisis in Europa kent verschillende verschijningsvormen die met elkaar samenhangen. De afgelopen jaren zijn banken omgevallen en is de staatsschuld van veel Europese landen geëxplodeerd. Griekenland dreigt failliet te gaan en de financiële en economische toekomst van landen als Spanje en Italië is onzeker. Door heel Europa worden gewone burgers geconfronteerd met miljardenbezuinigingen. Bezuinigingen die opgebracht moeten worden door mensen die part noch deel aan de huidige crisis hebben. Mede daardoor neemt het vertrouwen van de Europese burger in de politiek en de Europese samenwerking af. De crisis brengt daarnaast de euro aan het wankelen. Tien jaar na de invoering van de munt lijkt haar voortbestaan serieus op het spel te staan. Het prestigieuze project van een gemeenschappelijke Europese munt dreigt schipbreuk te lijden. Allemaal het gevolg van de structurele weeffouten in het Europese integratieproject.

De invoering van een monetaire unie en de introductie van de nieuwe munt stonden begin jaren negentig centraal in het grote prestigeproject van de Europese beleidsmakers. En opeenvolgende Nederlandse regeringen deden daar vrolijk aan mee. De plannen van de toenmalige regering van Lubbers en Kok – toen voorzitter van de Europese Unie – om te komen tot een federalistisch Europa, leden schipbreuk, omdat andere EU-lidstaten daar niet aan wilden. Het Verdrag van Maastricht dat er wél kwam, voorzag in een gemeenschappelijke munt zonder dat er sprake was van een politieke unie. Terwijl toen toch al duidelijk was dat het één heel lastig zonder het ander kon. Het Nederlandse voorzitterschap was met deze uitkomst weliswaar enigszins succesvol, maar de zure vruchten daarvan plukken we tot op de dag van vandaag.

Bij een enkele weeffout bleef het echter niet. Zo wist Griekenland zich op basis van door zakenbank Goldman Sachs vervalste rapporten toegang te verwerven tot de eurozone. Door die toetreding kon Griekenland goedkoop geld lenen, en dat deed het land op grote schaal. Als gevolg van de crisis van 2008 nam de onzekerheid in de westerse financiële wereld toe en keken banken en financiële instellingen nog eens goed naar bedrijven en landen die grote schulden uit hadden staan. Griekenland bleek een serieus probleemgeval te zijn. Omdat het land tot zijn nek in de schulden zat en de groeiende twijfel over zijn terugbetaalcapaciteit tot nog hogere rentes leidde, kon het zijn schulden niet meer afbetalen.

Bij nadere beschouwing van het praktisch failliete Griekenland bleek daar van alles mis te zijn: het belastingsysteem bleek niet te werken, de overheid was inefficiënt, het niveau van corruptie onacceptabel, kadasters bleken verouderd en sommige sociale voorzieningen waren wel erg riant. De twee grote politieke partijen die het land de afgelopen tien jaar geregeerd hadden (de sociaaldemocratische Pasok en de liberale Nieuwe Democratie) bleken een potje te hebben gemaakt van het financiële beleid. Iedere Griekenlandkenner wist dat al lang, maar het kortetermijnoptimisme had het tot dan toe gewonnen van verstandig langetermijnbeleid.

Het voeren van de Minotaurus

Griekenland moest gered worden en kreeg in 2010 110 miljard steun van de Europese Unie en het IMF. In ruil daarvoor verplichtte het land zich tot fiscale en andere hervormingen, een grootschalig privatiseringsprogramma en forse bezuinigingen. Maar het kwaad was al geschied en de hulp was te krap en kwam te laat. Door de ruimte die speculanten nog steeds hebben om tegen landen te speculeren, kwam Griekenland in een vrije val terecht. In de zomer van 2011 volgde weliswaar nog een tweede, nog groter, pakket maar ook dat mocht niet baten. Sindsdien wordt er – soms openlijk – gespeculeerd over de mogelijkheid dat Griekenland – al dan niet noodgedwongen – de eurozone verlaat, iets wat door de Europese regeringsleiders begin 2011 nog voor onmogelijk werd gehouden. Sterker nog, minister van Financiën De Jager was er in september van dat jaar nog zeker van dat het geld dat Nederland aan Griekenland had geleend met rente terug zou komen. 'Daar ga ik absoluut van uit,' waren de woorden van De Jager. Vandaag de dag vinden slechts weinigen dat een realistisch scenario. Een kwestie van voortschrijdend inzicht, zullen we maar zeggen. De grote steunpakketten aan Griekenland hebben overigens wel effect gehad; vooral Franse en Duitse banken zijn gecompenseerd en hebben de Griekse schulden in handen van Europese overheden weten te spelen. De banken ontspringen de dans en de belastingbetaler is de klos.

Democratie onder druk

Ondertussen wordt de democratie buitenspel gezet; de regeringen van Griekenland en Italië zijn vervangen zonder dat er verkiezingen aan te pas kwamen. De huidige ontwikkelingen rond Griekenland, de andere zuidelijke landen en de euro gaan snel, heldere informatie is schaars en parlementen staan op grote achterstand als het gaat om het controleren van de uitvoerende macht. Op Europees niveau legt de crisis eens te meer de beperkingen van de Europese Unie en het Europees Parlement bloot. Als het erop aankomt maken de regeringsleiders van de lidstaten – met name van Duitsland en Frankrijk – de dienst uit en hebben de Commissie en de Brusselse volksvertegenwoordiging het nakijken, als ze niet als enthousiaste supporters aan de kant stonden te applaudisseren. Ook op nationaal niveau blijkt het echter lastig om te achterhalen wat er nu precies afgesproken is door de regeringsleiders. Premier Rutte verrekende zich in juli 2011 nog met 50 miljard toen het ging over de hoogte van het steunpakket dat de euro moest redden. Juist omdat de Europese burger in toenemende mate borg staat voor de Griekse en andere Europese schulden, is democratische legitimiteit van wezenlijk belang. Het draagvlak voor de diverse operaties onder de Nederlandse bevolking is beperkt, zo laat opiniepeiler Maurice de Hond telkens zien. Terwijl de crisis zich verdiept, de miljardenleningen en -borgstellingen groter worden en de risico's dat we dat geld – gedeeltelijk – kwijtraken toenemen, dienen de burgers zich koest te houden.

Dit pamflet analyseert de huidige crisis in Europa. Waarom Europese politiek zich moeizaam verhoudt tot nationale democratie, waarom de steun van de bevolking voor Europa verdween, en welke rol Nederlandse politici daarbij hebben gespeeld. Welke rol speelden

Europese ambtenaren en hoe werkte Europees beleid uit in de nieuwe lidstaten? Waarom nemen nationale parlementen niet hun verantwoordelijkheid en hoe worden Europese besluiten in de nationale politiek misbruikt? Hoe wil Europa nu de crisis bestrijden en wat zijn de alternatieven? En dat is van belang, want zonder goed begrip van waar de huidige crisis vandaan komt en wat haar oorzaken zijn, kunnen we de oplossing ook niet vinden. Een oplossing die we hard nodig hebben, voor de burgers van Europa, hun welvaart en de toekomst van de Europese samenwerking. Europa staat op een keerpunt en hoewel zich dreigende wolken samenpakken boven het leven van Europese burgers, bieden keerpunten ook kansen om dingen anders en beter te doen dan in het verleden. Want juist nu het water ons in veel opzichten aan de lippen staat, is het belangrijk om het debat over nut, noodzaak en aard van Europese samenwerking aan te gaan. In Nederland en daarbuiten.

1952: de zes founding fathers van de huidige Unie werken samen in de EGKS

2. Hoe de steun voor Europa verdween

Tot begin jaren negentig was het Europese integratie-proces niet alleen redelijke succesvol, het mocht ook op een ruime, stilzwijgende steun van de bevolking in de diverse lidstaten rekenen. Dat is ook niet zo verwonderlijk: de samenwerking die begonnen was tussen Duitsland en Frankrijk met als doel oorlog te voorkomen en de welvaart te vergroten was goeddeels geslaagd. Andere landen sloten zich daarbij aan en samen bouwden deze landen hun samenlevingen weer op en zagen zij de welvaart toenemen doordat ze gebruik konden maken van elkaars grondstoffen, kennis en kunde. Stap voor stap werden belemmeringen voor goede samenwerking opgeruimd. De Europese Gemeenschap voor Kolen en Staal waarmee de Europese naoorlogse samenwerking in 1952 was begonnen, werd in 1957 met het Verdrag van Rome omgevormd tot de Europese Economische Gemeenschap. In 1967 werd in Luxemburg besloten tot nog nauwere samenwerking in de Europese Gemeenschap.

Het draagvlak voor de Europese samenwerking was tot aan de jaren negentig wellicht ook zo groot omdat deze samenwerking op een geleidelijke manier tot stand kwam. De manier waarop de Europese integratie zich in die tijd voltrok, deed denken aan een Processie van Echternach: twee stappen voorwaarts, één stap terug. Want naast de succesvolle besluiten tot intensivering van de samenwerking stonden ook mislukkingen. In 1953 mislukten de onderhandeling over een Europese Politieke Gemeenschap en in 1954 strandden de pogingen om tot een Europese Defensie Gemeenschap te komen, omdat het Franse parlement het verdrag afwees. In de jaren zestig werd het eerste lidmaatschapsverzoek van Groot-Brittannië geblokkeerd door de leden van de Europese Economische Gemeenschap en stapte Frankrijk uit de Raad van Ministers uit onvrede over de manier waar op het Europese landbouwbeleid zou worden gefinancierd. Het land kon zich niet vinden in het feit dat de Europese Gemeenschap over eigen middelen zou beschikken en bij meerderheid zou kunnen beslissen.

Terwijl de verschillende crises verdergaande samenwerking opschortten, kon de integratie wel aan draagvlak winnen. Overigens leidde geen van de crises tot nieuwe oorlogen en resulteerde geen ervan in het einde van het Europese project, ook het referendum over de Europese Grondwet in 2005 niet, tewijl sommige Nederlandse ministers beweerden dat dit zou gebeuren als Nederland dat verdrag zou afwijzen. In plaats daarvan zochten landen, soms na enige tijd pas, elkaar weer op om samen uit de crisis te komen en een oplossing te zoeken waarin iedereen zich kon vinden. Daarbij namen geleidelijk steeds meer landen deel aan het Europese project, zo-dat het aanvankelijke aantal van zes landen eind jaren tachtig was verdubbeld tot twaalf.

Begin jaren negentig begon het Europese project echter te ontsporen. In het decennium ervoor was het integra-tieproces voor een groot deel tot stilstand gekomen. De Europese Gemeenschap fungeerde als markt redelijk succesvol, maar volgens een aantal grote ondernemin-gen was Europa toe aan een nieuwe stap. Verzameld in de zogeheten Europese Ronde Tafel van Industriëlen probeerden de bazen van onder andere Philips het Eu-ropese project te kapen. Hun doel: een Europese interne markt waarop zij met zo min mogelijk inmenging van de nationale lidstaten hun gang moesten kunnen gaan. Daarmee wilden de Europese ondernemingen de con-currentie aangaan met andere grote economische mo-gendheden zoals de Verenigde Staten en Japan, dat in die jaren als de nieuwe supermogendheid werd gezien.

De neoliberale afslag van Maastricht

Al snel werd de Europese Ronde Tafel de machtigste lob-byorganisatie in de Europese Gemeenschap en nam zij de Europese Commissie, die onder leiding stond van de Fransman Jacques Delors, op sleeptouw. Gesteund door Europese regeringsleiders als de Nederlandse premier Ruud Lubbers, die geïnspireerd waren door het idee dat Europa uiteindelijk een federatie zou moeten worden en dieper en verder zou moeten integreren, werd in 1986 de Single European Act gelanceerd, waarin werd afgesproken dat er uiterlijk eind 1992 een gemeenschappelijke markt zou moeten zijn. Deze afspraak vormde de opmaat voor een nauwe verwevenheid tussen enerzijds de belangen van de industriëlen, die een Europa wilden waarin het bedrijfsleven zou kunnen floreren, en anderzijds de politieke agenda van de eurofederalisten, die een gemeenschappelijke politieke unie nastreefden. Het is deze combinatie van bedrijfsleven en politiek die het integratieproces gedurende de afgelopen twintig jaar heeft gedomineerd en die verantwoordelijk is voor oorzaken van de huidige economische crisis.

De val van de Muur in 1989 versterkte dit proces nog verder. De ineenstorting van het staatssocialisme bood het Europese bedrijfsleven de mogelijkheid om een nog grotere markt te creëren, waarin Midden- en Oost-Europa goeddeels een afzet- en productiegebied kon worden, zonder een eigen inheemse industrie die op een serieuze manier met de West-Europese ondernemingen kon concurreren. In de jaren negentig werden de belangrijkste economische sectoren in landen als Hongarije, Polen, Tsjechië en Slowakije overgenomen door westerse bedrijven, waardoor de economieën in deze landen nauw verbonden werden met en goeddeels afhankelijk werden van de besluiten die West-Europese ondernemingen namen. Tegelijkertijd bood de arbeidsmarkt achter het nu gevallen IJzeren Gordijn een groot potentieel aan relatief goed opgeleide en goedkope arbeidskrachten, waarmee de lonen in West-Europa onder druk gehouden konden worden.

In 1992 sloten twaalf lidstaten het Verdrag van Maastricht

De val van het staatscommunisme bood eurofiele politici de mogelijkheid om het Europese integratieproject niet alleen te verdiepen, maar ook uit te breiden over het gehele Europese continent, waarbij de nieuwe kandidaat-lidstaten voor een groot deel ook politiek afhankelijk zouden zijn van hun welvarendere West-Europese buren. In 1992 leidde dit tot het ambitieuze Verdrag van Maastricht, waarin werd afgesproken dat de Europese Unie geleidelijk aan één economisch, politiek en monetair beleid zou gaan voeren. Dit verdrag vormde de opmaat voor de introductie van de euro in 2002. In de jaren daarna werd op basis van de Kopenhagen-criteria uit 1993 een programma voor de uitbreiding van de Unie ontwikkeld. Beide trajecten hadden gemeen dat ze onomkeerbaar waren en dat de criteria die begin jaren negentig werden afgesproken aangepast zouden worden aan de politieke wens om tot een diepere en bredere Unie te komen. Dat bleek zowel toen de euro werd geïntroduceerd en landen die niet aan de criteria voldeden toch werden toegelaten, als toen de Unie werd uitgebreid met landen waarvan men naderhand moest vaststellen dat zij niet voldeden aan de criteria voor het EU-lidmaatschap. De wens om tot een grote Europese federatie te komen won het van een zorgvuldige afweging van inhoudelijke en van te voren vastgestelde criteria.

Rond de millenniumwisseling zetten de Brusselse beleidsmakers zich in voor een volgende grote sprong voorwaarts. De introductie van de euro en de uitbreiding was zo goed als een voldongen feit en daarom maakte de Europese Commissie zich op voor de volgende stap in het neoliberale project: de diepere verankering van het marktmechanisme op Europees niveau ten koste van de nationale welvaartsstaat. Deze ambitie werd verankerd in de Lissaboncriteria die in 2000 werden opgesteld. Doel van deze criteria was om van Europa voor 2020 de meest concurrerende economie van de wereld te maken. Daarvoor moest het marktmechanisme op nieuwe terreinen worden toegepast: de zorg, het onderwijs en het openbaar vervoer. Sociale en democratische rechten op het gebied van de arbeidsmarkt, de sociale zekerheid en de gezondheidszorg moesten daarvoor wijken, of om de termen van de Brusselse beleidsmakers te gebruiken: 'geflexibiliseerd' en 'gemoderniseerd' worden. Solidariteit en samenwerking werden geofferd ten faveure van de concurrentie en winstmaximalisatie.

Belangrijke jaren in integratieproces

1945   Einde Tweede Wereldoorlog

1952   Europese Gemeenschap voor Kolen en Staal

1957   Europese Economische Gemeenschap

1967   Europese Gemeenschap

1989   Val van Berlijnse Muur

1992   Europese Unie

1999   Besluit tot invoering euro in deel Europese Unie

2004   Europese Grondwet (afgewezen in 2005)

2007   Verdrag van Lissabon

Dit marktdenken ging gepaard met een toenemend machtsdenken binnen de Unie. Om de markt vrij spel te kunnen geven, moesten er bevoegdheden van de nationale overheden naar Brussel worden overgeheveld. Daarvoor werd een Europese Conventie in het leven geroepen waar vooral politici aan deelnamen die meer Europa wilden. Zij ontworpen onder leiding van de Franse oud-president Valéry Giscard d'Estaing een Europese Grondwet die deze ontwikkeling verder moest faciliteren. De vrije markt werd daarbij in beton gegoten en Europa zou een gemeenschappelijk buitenlandbeleid moeten voeren, inclusief een defensiebeleid. Daarmee zou het continent de internationale competitie tegen andere mogendheden, waaronder China, India en Rusland, beter aankunnen. En hoewel de Europese Grondwet het zelf niet haalde, werden de belangrijkste van deze waarden in het Verdrag van Lissabon uit 2007 vastgelegd.

De crisis als keerpunt?

Maar de weg van collectieve afbraak en private verrijking liep in 2008 spaak. De bancaire crisis die vanuit de Verenigde Staten kwam overwaaien sloeg in Europa hard toe, ook omdat in de jaren daarvoor alle *checks and balances* waren afgebroken. Het waren de nationale lidstaten van de Unie die voor deze problemen mochten opdraaien. In Nederland, maar nog veel meer in landen als Ierland en Spanje, moest de overheid borg staan voor de onverantwoorde risico's die banken uit die landen hadden genomen. Het gevolg was dat de banken gered werden, maar de staatsschuld in veel lidstaten explodeerde. We zijn het haast vergeten, maar sommige van de probleemlanden van vandaag, zoals Spanje en Ierland, hadden voor de crisis een lagere staatsschuld dan Nederland. De exploderende staatsschuld vormde de hefboom voor de Europese Commissie om nog meer grip te krijgen op de nationale lidstaten. In plaats van te reflecteren op de oorzaken van de crisis en de eigen rol die de Brusselse beleidsmakers daarin hadden gespeeld, werden lidstaten onder verscherpt toezicht gesteld en nieuwe bevoegdheden naar Brussel overgeheveld.

De weerstand hiertegen neemt deze keer echter expo-
nentieel toe. Het Europese integratieproject kan niet langer bogen op stilzwijgende steun van de bevolkingen van de Europese Unie. De Europese Unie raakt gepo-
litiseerd en daar is niets mis mee. Te lang is de besluit-
vorming in de Europese Unie technocratisch verlopen en zijn besluiten als onontkoombaar gepresenteerd. Nu Europa met hoge snelheid tegen een muur van onver-
mijdelijke crises dreigt op te rijden, is het de hoogste om na te denken over alternatieven. En dat moest snel, anders zijn de gevolgen niet meer te overzien.

*De Europese Unie vandaag de dag, 27 lidstaten en
meer dan 500 miljoen inwoners*

3. De Europese crisis:
een crisis van de democratie

De huidige crisis in Europa is ook een crisis van de democratie. Samen met de rechtsstaat en de verzorgingsstaat is de democratie door de eeuwen heen langzaam tot ontwikkeling gekomen binnen de Europese natiestaten. Daarvoor is veel politieke strijd geleverd, voor de rechtsstaat, waarin de wet het hoogste gezag heeft, en universeel kiesrecht. Ook vandaag de dag is de democratie, ook op nationaal niveau, nog lang niet perfect. Maar grosso modo is in de meeste Europese lidstaten de democratie redelijk verankerd. Sterker nog, de afgelopen twee decennia heeft de democratie een opmerkelijke uitbreiding doorgemaakt op het Europese continent. Na de val van de rechts-extremistische regeringen in Spanje, Portugal en Griekenland in de jaren zeventig en de communistische regimes in het voormalig Oostblok eind jaren tachtig heeft de democratie het Europese continent op een enkele uithoek na veroverd.

En ere wie ere toekomt: Europese organisaties zoals de Europese Unie en de Raad van Europa hebben daarbij een belangrijke rol gespeeld. Voor de meeste landen in transitie was de combinatie van democratie en welvaart een nastrevenswaardig model. Het lidmaatschap van deze organisaties hoorde dan ook tot de belangrijkste ambities van de nieuwe regeringen in deze landen. Mede daardoor kon de Europese Unie het democratische proces in deze landen helpen vormgeven. De toetredingscriteria tot de Unie verplichten potentiële lidstaten om zich als een volwaardige democratie te presenteren. En met effect, want – een enkele uitzondering daargelaten – de meeste nieuwe lidstaten voldoen aan deze criteria.

Het blijft op het eerste gezicht dan ook vreemd dat de landen die binnen de Europese Unie samenwerken niet in staat zijn deze samenwerking op democratische wijze gestalte te geven. Een Unie die naar buiten toe zoveel waarde hecht aan democratie en zich graag ziet als een *soft power* waar andere landen en samenwerkingsverbanden een voorbeeld aan kunnen nemen, zou toch op z'n minst zelf aan de standaarden moeten voldoen die zij elders preekt. Maar de praktijk blijkt weerbarstiger. De Europese Unie bemoeit zich vandaag de dag met een grote diversiteit aan beleidsterreinen, variërend van traditionele kerncompetenties op het gebied van de interne markt, en milieu- en asielbeleid, tot initiatieven op het gebied van kunst, cultuur en sport. Als Eerste Kamerlid heb ik regelmatig weken gehad waarin de papiermassa met Europese voorstellen omvangrijker was dan de stapel nationale wetgevingsinitiatieven. En de crisis maakt de macht van de Europese Unie alleen maar groter. Het toegenomen toezicht op de begroting, de discussies over Europees bankentoezicht en eurobonds: het zijn politieke besluiten om meer bevoegdheden van de natiestaat over te dragen naar de Europese Unie. Dat maakt het democratisch tekort van de Europese Unie des te nijpender.

Het Europees Parlement, door veel eurofielen gezien als de primaire beschermer van de democratische besluitvorming in Brussel, faalt op vele terreinen. Op geen enkele manier is het te vergelijken met zijn evenknieën in de lidstaten. Deels is dat niet eens zijn eigen schuld. De ontwerpers van de huidige Europese samenwerkingsvorm hebben van het begin af aan te weinig nagedacht over de democratische borging van het Europese project. Daardoor kampt het Europees Parlement op terreinen met gebrekkige bevoegdheden en wordt het maar al te vaak geconfronteerd met regeringsleiders die democratie in eigen huis vaak lastig genoeg vinden en weinig zin hebben om de macht van het Europees Parlement te versterken. En daarom staat het Europees Parlement nog steeds te vaak buitenspel. De afgelopen jaren heeft het – soms met succes, soms niet – geprobeerd zijn bevoegdheden uit te breiden om daarmee met name tegenover de Europese Commissie meer tegenspel te kunnen bieden.

En daar is weinig mis mee. Wil de Europese Unie meer legitimiteit krijgen, dan kan dat niet zonder ook een controlerend orgaan in Brussel. Maar het is dan minstens zo belangrijk dat het Europees Parlement zichzelf serieus neemt en zich ook daadwerkelijk ontwikkelt tot een controleur van Brusselse besluitvormingsprocessen. Daar schort het op dit moment aan. Bij gebrek aan werkelijke competenties is het Europees Parlement zich gaan bemoeien met interne zaken van de lidstaten. Het Europees Parlement weigert zich de vraag te stellen: zijn we hiertoe op aarde? Is dit nu daadwerkelijk onze taak? Zo moest de Nederlandse premier Balkenende na het referendum over de Europese Grondwet zich laten welgevallen dat hij bijzonder kritisch bejegend werd bij zijn bezoek aan het Europees Parlement. Alsof het zijn schuld was dat Nederland 'nee' had gezegd en alsof er bij het referendum slechts één goed antwoord was geweest. Daarmee ondergraaft het Parlement zijn eigen legitimiteit.

Daar komt nog eens bij dat het Europees Parlement zich vooral heeft ontwikkeld tot applausmachine voor nieuwe Europese initiatieven en competenties. Praktisch alles wordt aangegrepen om Europese inmenging te versterken. Daardoor ontbreekt het kritisch vermogen dat van een controlerend orgaan mag worden verwacht. Op elk probleem, zo luidt de vrijwel automatische reflex, moet het antwoord in Europese initiatieven gevonden worden. Daarmee is het Europees Parlement overigens geen uitzondering – dat zij in zijn verdediging opgemerkt.

De Duitse socioloog Max Weber concludeerde al aan het begin van de vorige eeuw dat (bureaucratische) instellingen zich vrijwel per definitie meer bevoegdheden en middelen proberen te verwerven. Bij het Europees Parlement doet zich echter het probleem voor dat de controleur niet of nauwelijks zelf wordt gecontroleerd. Waar nationale parlement opereren binnen het kader van een natiestaat en door het publiek en de media kritisch gevolgd kunnen worden, is dat bij het Europees Parlement niet het geval. Daardoor ontbreekt een belangrijk controlemechanisme dat een instituut als het Europees Parlement wel nodig zou hebben. En als de media dan wel eens aandacht besteden aan de werkzaamheden binnen het Europees Parlement, leidt dat tot ontluisterende beelden van Europarlementariërs, die zich 's ochtends nog even snel inschrijven om daarna met hun daggeld naar huis te gaan. Het mag een vertekend beeld zijn van wat er daadwerkelijk in Brussel en Straatsburg gebeurt – waar door de meeste parlementariërs hard wordt gewerkt –, maar het Europees Parlement roept daarmee het gebrek aan gezag waar het over klaagt, over zichzelf af.

Ondertussen holt de toegenomen macht van de Europese Unie wel de macht van de nationale controleurs uit. Daar zijn de nationale parlementen het eerste slachtoffer van. Zij zien zich in toenemende mate geconfronteerd met Europese initiatieven die op een of andere manier verplicht in nationale regelgeving moeten worden omgezet. Nationale parlementen kunnen en mogen bijsturen, maar alleen binnen de kaders die in Brussel zijn besloten. Daarmee wordt de ruimte om daadwerkelijk bij te sturen en fundamenteel andere keuzes te maken ondermijnd.

De Canadese politicoloog Stephen Gill heeft dit wel eens 'het nieuwe constitutionalisme' genoemd. Europese landen zijn in toenemende mate, meer dan aan de eigen grondwet, gebonden aan Europese afspraken. En waar de nationale grondwet onder voorwaarden door het parlement zelf veranderd kan worden, kan dat met deze afspraken niet. Eén van de meest vergaande recente ontwikkelingen op dit gebied is de ondermijning van het budgetrecht met de maatregel dat de Europese Commissie eurolanden die een begrotingstekort van meer dan drie procent hebben, kan beboeten. Dit budgetrecht hoort tot de belangrijkste verworvenheden van parlementen in een democratie. Sterker nog, het was in de achttiende eeuw voor de Amerikanen de reden om hun Onafhankelijkheidsoorlog te beginnen. 'No taxation without representation' was hun adagium, en juist aan de wortels van deze boom zetten de huidige Europese initiatieven de bijl.

Daarmee is overigens niet gezegd dat de nationale parlementen niet zelf een verantwoordelijkheid hebben als het gaat om het reageren op – en zo nodig ageren tegen – ongewenste Brusselse bemoeienis. Al te vaak staan parlementen erbij en kijken ze ernaar. Een echt kritische behandeling van Europese voorstellen komt maar nauwelijks voor. Juist nu in tijden van crisis fundamentele besluiten over de inrichting van samenleving, economie en democratie worden genomen, laten de parlementen zich dwingen tot behandeling met stoom en kokend water. Waar nationale wetgevingstrajecten vaak langer dan een jaar duren, gaan Europese besluiten nu in enkele weken door Tweede en Eerste Kamer. Natuurlijk, nood kan wet breken en er is niets mis mee wanneer parlementen zich in tijden van crisis extra inspanningen getroosten om een bijdrage aan de oplossing te leveren. Maar zodra dat ten koste van de zorgvuldigheid gaat en miljarden over de toonbank vliegen zonder dat volksvertegenwoordigers daadwerkelijk kennis hebben kunnen nemen van de essentie van de besluiten, is er in de democratie iets fundamenteel mis.

Tegelijkertijd zijn nationale volksvertegenwoordigers er niet vies van om de Europese Unie de schuld te geven van voorstellen die ze zelf hebben bedacht. *Brusselbashing* is voor veel politici een belangrijk onderdeel van hun repertoire geworden. Daarbij kan het soms bijzonder handig uitkomen om ideeën uit eigen koker te verkopen als verplichtingen vanuit Brussel. Dat is beter voor het eigen imago en vaak bijzonder lastig te controleren voor media en samenleving. Een regering kan een parlement daarbij voor het blok zetten door het te confronteren met voorstellen die een uitvloeisel zijn van Europese besluiten – en daarom geïmplementeerd moeten worden –, maar waaraan tevens een eigen nationale jus is toegevoegd. Hiermee komt de volksvertegenwoordiging voor een oneigenlijke keuze te staan: of ze riskeert een boete vanwege het niet tijdig implementeren van Europese afspraken, of ze slikt nationaal beleid waar ze geen voorstander van is. Deze vorm van chantage is niet de schuld van Brusselse beleidsmakers, maar ondermijnt wel op effectieve wijze het draagvlak voor het integratieproject.

Daar komt nog een ander element bij. Nationale politici hebben maar al te lang en al te lief het onderwerp van de Europese Unie uit het maatschappelijk debat gehouden. En dat onbekend dan vanzelf onbemind wordt, bleek wel tijdens het referendum over de Europese Grondwet in 2005. Toen de Nederlandse burgers voor het eerst hun mening mochten geven over een Europees Verdrag, lieten zij een duidelijk 'nee' horen. Bijna tweederde van de kiezers zag het nut en de noodzaak van de Europese Grondwet niet in en verwees die naar de prullenbak. Dat was voor het leeuwendeel van de Nederlandse politiek echter geen aanleiding om het Europadebat nu wel volledig aan te gaan. De Europese Grondwet werd van een andere kaft voorzien, terwijl de inhoud praktisch ongewijzigd bleef.

Het Verdrag van Lissabon dat in december 2007 getekend werd, was volgens onderzoek van het Britse

Hogerhuis voor 96 procent hetzelfde verdrag als de Europese Grondwet die niet alleen de Nederlandse, maar ook Franse burgers met een duidelijke meerderheid hadden afgestemd. En dit keer besloot de Nederlandse regering van christendemocraten en sociaaldemocraten de burgers hun stem te ontzeggen. Het Verdrag van Lissabon werd in beide Kamers geratificeerd, waarbij de Senaat maar weinig tijd kreeg voor zijn behandeling en opinieonderzoek liet zien dat een meerderheid van de bevolking ook dit Verdrag niet zag zitten. Ook hier ligt de schuld voor het ondermijnen van draagvlak voor de Europese Unie niet bij Brusselse beleidsmakers, maar bij Nederlandse partijen die zelfs in de voorafgaande nationale verkiezingscampagne nog hadden beloofd dat de burgers van Nederland over de opvolger van de Europese Grondwet hun stem mochten laten horen.

4. Maastricht 1992: de ontvoering van Europa

De Griekse mythe over de ontvoering van prinses Europa kent geen datering, de ontvoering van het naoorlogse project van Europese samenwerking wel: het jaar van het Verdrag van Maastricht, 1992. Tijdens de eurotop van december 1991 werd besloten tot de invoering van de euro, zonder plan voor een politieke unie en zonder de burgers erin te kennen. Met dat Verdrag sloeg het samenwerkingsproject op hol.

Toen Nederland in de tweede helft van 1991 voorzitter werd van de Europese Gemeenschap ontwierp de regering een ambitieus plan om niet alleen tot een monetaire unie te komen, maar ook een politieke unie op te richten. De Europese partners zouden niet alleen op economisch en monetair gebied moeten samenwerken, maar ook op tal van andere terreinen. De plannen lekten echter uit en werden door vrijwel alle andere lidstaten afgewezen: diplomatiek Nederland stond voor paal. Het geschiedenisprogramma *Andere Tijden* maakte er een reportage over, waaruit pijnlijk duidelijk wordt dat Nederland de stemming in de andere Europese lidstaten volledig verkeerd inschatte.

Op het eerste gezicht lijkt de geschiedenis van het Verdrag van Maastricht uit 1992 vooral voer voor historici, politicologen en diplomaten. Over hoe een klein land een totaal verkeerde inschatting van de politieke verhoudingen maakte en in zijn hemd kwam te staan. Ware het niet dat de keuzes van toen het zaad bleken te zijn voor de huidige eurocrisis. De structurele weeffouten die vandaag de dag zo duidelijk naar voren komen, hebben hun oorsprong in Maastricht. De plannen om tot een politieke unie te komen verdwenen van tafel, terwijl er wel verder werd gewerkt aan het invoeren van één gemeenschappelijke munt. Als een politieke unie niet haalbaar was, moest er toch op z'n minst een monetaire unie komen, vonden de betrokken Nederlandse politici. Daarbij werd voorbijgegaan aan het feit dat een monetaire unie zonder politieke unie lastig voorstelbaar is. De geschiedenis kent eigenlijk maar één voorbeeld van een monetaire unie zonder politieke coördinatie en een gemeenschappelijk politiek beleid: de Latijnse muntunie. In de negentiende eeuw besloten Frankrijk, Italië, België en Zwitserland hun monetaire systemen aan elkaar te koppelen. Later sloten Griekenland en Spanje zich daarbij aan. Doordat ieder land echter zijn eigen economische beleid bleef voeren, indien nodig zelf geld bijdrukte, en de politieke wil tot verdere samenwerking ontbrak, viel de muntunie kort na de Eerste Wereldoorlog weer uiteen.

Of de hoofdrolspelers van Maastricht dat wisten, is maar de vraag. De meesten van hen verklaren de huidige problemen niet zozeer uit de keuze van destijds, zo blijkt uit het boek *De euro. Twintig jaar na het Verdrag van Maastricht* van onderzoeksjournalist Roel Janssen (2012). Vooral de direct betrokken politici uit Nederland wijten de huidige problemen aan een gebrek aan daadkracht ná de totstandkoming van het Verdrag van Maastricht. Dat getuigt niet van veel kritische zelfreflectie. Het gebrek aan daadkracht was immers al vóór de top duidelijk geworden, toen de meeste regeringsleiders de vergaande integratieplannen van het Nederlandse voorzitterschap weigerden te steunen.

Volgens hen moest het Europese integratieproces in 1991 voort, het liefst in een onomkeerbare vorm. De meeste betrokken politici tijdens de top van Maastricht zagen in nog verdere integratie de mogelijkheid om de verschrikkingen van de Tweede Wereldoorlog voor de toekomst te voorkomen. Zij vreesden dat de generaties die na hen het roer in hun landen over zouden nemen en die de oorlog niet aan den lijve ondervonden hadden, dergelijke stappen niet zouden willen nemen. Daarom was het nu of nooit. Dat daarmee de democratische legitimiteit van het Europese samenwerkingsproject op de waagschaal werd gelegd, werd op de koop toe genomen.

Uit het verhaal van Roel Janssen wordt ook duidelijk dat het Verdrag van Maastricht naadloos paste in het streven om de nationale verzorgingsstaat met Brusselse afspraken op de knieën te dwingen. Oud-PvdAleider Wim Kok, toenmalig Minister van Financiën, is daarover tegenover Roel Janssen het helderst. Hij stelt dat het probleem van de euro bovenal het gevolg is van te weinig hervormingen die de concurrentiekracht zouden moeten versterken. Daarbij zouden met name bestaande verworvenheden van de verzorgingsstaat aangepast moeten worden. 'Ons eigen Nederlandse model moet ook voortdurend worden aangepast aan nieuwe eisen die aan ons worden gesteld. We moeten voortdurend hervormen, moderniseren en versoberen. De tijd staat nooit stil,' aldus Kok. Het blijft schrijnend te zien hoe een oud-voorman van de vakbeweging en de sociaaldemocratie in Nederland zich zonder grote bedenkingen overlevert aan een neoliberalisme van meer markt en minder welvaartsstaat.

Deze analyse gaat bovendien voorbij aan de problemen die ambtenaren en economen, ook destijds, wel degelijk wisten te benoemen. Door bijvoorbeeld al in een vroeg stadium een datum vast te stellen waarop de monetaire unie in zou moeten gaan, werd het bijna onvermijdelijk het niet al te nauw te nemen met de criteria voor de euro. Het zou immers ondenkbaar zijn om grote landen als Italië niet mee te laten doen – iets wat dan ook niet gebeurde. Daarnaast hield men geen rekening met het feit dat de steeds verdergaande liberalisering van de financiële markten een bedreiging zou gaan vormen voor de stabiliteit van de euro. Begin jaren negentig waren de financiële markten veel minder vrij dan nu, maar met het Verdrag van Maastricht werd wel de basis gelegd voor deze liberalisering. Dat dit ook gevolgen zou hebben voor een gemeenschappelijke munt, werd niet ingezien. Klaarblijkelijk werden deze inzichten willens en wetens over het hoofd gezien. De politieke opportuniteit won het op alle terreinen van de wetenschappelijke rationaliteit, het gezonde verstand en de historische ervaringen.

De politieke hoofdrolspelers van destijds wassen hun handen in onschuld: zij hebben Europa niet ontvoerd. Zij zien in verdere integratie de oplossing voor de huidige problemen. Voor de sprong naar voren, die in 1991 niet lukte, is ook nu geen draagvlak. Daarmee kiezen zij willens en wetens voor een Europees project dat op gespannen voet staat met zijn eigen doelstellingen: burgers zeggenschap over hun eigen toekomst geven, door democratie en welvaart voor de toekomst te waarborgen – en dat is wellicht nog wel de pijnlijkste vaststelling.

5. Het koninkrijk van Minos:
Europese technocratie en het neoliberalisme

In de mythe van Europa werd de Fenische prinses door Zeus naar Kreta ontvoerd. De huidige ontvoering leidt ons naar Brussel: een politiek centrum met een eigen wijze van besturen die ver staat van de democratie. En met bijzondere bewoners, die ons zo nu een dan een inkijkje geven in hoe de huidige Europese Unie bestuurd wordt –inkijkjes die overigens niet altijd getuigen van diepgaand inzicht in de aard van het huidige Europese integratieproject.

Derk Jan Eppink is een bijzonder Europarlementariër. Hij is op dit moment de enige Nederlander die namens een ander land in het Europees Parlement zit. Eppink is namelijk volksvertegenwoordiger namens de Belgische Lijst Dedecker, een afsplitsing van Belgische liberale partij, Open VLD. Eppink is geen onbekende in Brussel. Tussen 1999 en 2004 was hij persoonlijk medewerker van toenmalig eurocommissaris Frits Bolkestein en later ondersteunde hij de Estse eurocommissaris Siim Kallas. Wie wil weten hoe ietwat conservatieve neoliberalen over Europa denken, moet Eppinks boek *Europese mandarijnen* (uit 2007) beslist lezen. Het boek biedt een soms ontluisterende en open kijkje in de keuken van het Europese beleidsproces. 'Mijn boek is een *wake-up call*' zei Derk Jan Eppink er ooit over in een interview met het *Katholiek Nieuwsblad*: '"Europa" dreigt een enclave te worden die los staat van de werkelijkheid. Het verliest alle rechtvaardiging in de ogen van het publiek. Dat gaat zich afvragen: waarom zijn ze er eigenlijk?'

Met de manier waarop op dit moment in Brussel wordt gewerkt, is volgens Eppink van alles mis, vooral als het gaat om het functioneren van de Europese ambtenaren. Deze ambtenaren noemt Eppink steevast 'mandarijnen', een verwijzing naar het Chinese keizerrijk, waarin deze ambtenaren voor het eigenlijke reilen en zeilen binnen het immense rijk verantwoordelijk waren. Eurocommissarissen gaan en komen, maar de Europese ambtenaren blijven op hun post en zorgen op deze manier voor een continuïteit van beleid. Veel Europese wetgeving is voorbereid door Europese beleidsambtenaren en wordt nauwelijks besproken door de verantwoordelijke Eurocommissarissen. In de praktijk blijken het echte proceduretijgers te zijn, voor wie onverwachte gebeurtenissen altijd eerder een bedreiging zijn dan een nieuwe kans.

Om in iets Brussel gedaan te krijgen, is het volgens Eppink nodig een 'katholieke' insteek te hebben: je moet coalities durven sluiten met politieke tegenstanders, andere tegenstanders in de media en bij collega's zwart maken en belangrijke besluitvormers met behulp van culinaire hoogstandjes achter je voorstel krijgen. Nederlanders doen het als calvinistisch volkje dan ook vaak niet goed in Europese onderhandelingen. Ze stellen zich veel te neutraal op en denken dat beleidsinhoudelijke aspecten altijd de doorslag zullen geven. Aan het einde van een verloren politieke slag zijn ze dan verbaasd over het feit dat de praktijk toch anders gewerkt heeft.

De Europese ambtenaren vormen in hoge mate een eigen klasse, die qua levensstijl ver afstaat van de Europese burgers. 'Europese mandarijnen zijn dikwijls de laatsten die een veenbrand onder de bevolking in de gaten krijgen.' Zo werd de reactie op het Franse en Nederlandse 'nee' tegen de Europese Grondwet gekenmerkt door verbazing en verbittering. 'Europese mandarijnen werkten decennia vanuit het idee dat meer Europa op tal van gebieden vanzelf zou leiden tot minder natie bij de lidstaten. Het tegenovergestelde bleek het geval.'

Op tal van plaatsen – het moet gezegd – geeft Eppink een spitsvondige en cynische beschrijving van het functioneren van de Europese Unie. Opvallend is wel dat hij daar helemaal voorbijgaat aan het feit dat het aantal Europese ambtenaren relatief klein is en dat het beleid in belangrijke mate vorm wordt gegeven door de talloze lobbyclubs die in Brussel opereren. Zijn pleidooi voor een andere organisatie van de Brusselse samenwerking is interessant, maar slaat de plank op een belangrijk punt mis. De vorm van de samenwerking is één, maar de inhoud ervan is minstens zo belangrijk. Idealiter is de vorm van de samenwerking aangepast op de inhoud ervan. Aan de inhoud wil Eppink echter niet doen. Daarmee is hij een representant bij uitstek van veel eurokritische liberalen die blijven hangen in kritiek op de vorm. De vanzelfsprekendheid waarmee Eppink het neoliberale beleid van zijn voormalige chef, oud-Eurocommissaris Bolkestein, verdedigt, is interessant. Europese voorstellen worden onderbouwd met een sterk technisch jargon waarin begrippen als 'efficiëntie' en 'vrije concurrentie' de boventoon voeren. Het zijn een soort toverwoorden die de indruk moeten wekken dat de invoering ervan volstrekt normaal is en alleen maar winnaars kent. De keuze voor een technisch jargon en de ietwat blinde overtuiging dat liberalisering voor iedereen uiteindelijk beter werkt, kunnen deze schaduwkanten van het Europese liberaliseringsproject niet verhullen. De crisis van Europa is dan ook niet alleen een crisis van vorm, maar ook van inhoud. De technocratische manier van besturen, die op dit moment zo kenmerkend is voor de Europese Unie, komt voort uit de inhoudelijke keuze voor het neoliberalisme. Deze politieke ideologie probeert door een haast economisch taalgebruik daadwerkelijke belangentegenstellingen te verdoezelen.

Liberalen als Eppink hebben dan ook grote moeite de huidige eurocrisis te duiden. Want hoewel ze door de jaren heen – overigens heel terecht – kritiek hebben gehad op de ondemocratische besluitvorming in Brussel, zwegen ze toen de Europese Commissie vanaf de jaren negentig de financiële markten liberaliseerde, aandeelhouderswaarde tot algemeen belang verhief en bedrijven tot koopwaar maakte. Het waren juist bij uitstek dit soort beslissingen die in achterkamertjes werden genomen en waarvoor maatschappelijk nauwelijks draagvlak bestond. Wie de commentaren van het weekblad *Elsevier* uit de jaren voor de eurocrisis leest, vindt er regelmatig eenzelfde soort argumentatie: Brusselse besluitvorming deugt niet en ondergraaft de democratie en de soevereiniteit van de lidstaten. Maar zodra het om de economische agenda ging, bleef het – in ieder geval tot aan de eurocrisis – stil.

Sinds het uitbreken van de eurocrisis tapt Eppink – en met hem overigens ook *Elsevier* – uit een ander vaatje. Onlangs sprak Eppink over de instandhouding van de euro als fiscale slavernij tussen Noord- en Zuid-Europa, waarbij de zuidelijke Europese lidstaten de noordelijke zouden gijzelen. Maar geen woord over de relatie tussen het beleid van de afgelopen twee decennia en de huidige crisis. En dat is des te opmerkelijker. Want het mag zo zijn dat de vorm van Europese besluitvorming de crisis mede in de hand heeft gewerkt. En dat het gesloten circuit van Brusselse besluitvorming tot tunnelvisie leidt, lijdt geen twijfel. Maar de keuze om de Europese Unie uit te leveren aan de grillen van financiële markten, speelt een zo mogelijk nog veel grotere rol. En daarover mogen ook eurokritische liberalen best eens verantwoording afleggen.

6. Nieuw voer voor de Minotaurus? De nieuwe lidstaten en de Europese hervormingsagenda

Sinds het Verdrag van Maastricht is het aantal lidstaten van de Europese Unie meer dan verdubbeld, van 12 in 1992 tot 27 sinds 2007. Deze nieuwe lidstaten werden aangetrokken tot de Unie met het idee dat het lidmaatschap van de Unie hen welvaart en democratie zou brengen. In tegenstelling tot de jongens en meisjes uit Athene die geofferd werden aan de Minotaurus, is de reis van de landen in Centraal en Oost-Europa naar het koninkrijk van Minos een vrijwillige keuze geweest. Echter, sinds de landen lid zijn, groeit de onvrede. In toenemende mate voelt men zich slachtoffer en is men bang geofferd te worden ten behoeve van het voorbestaan van het neoliberale project.

Het kan de Nederlandse toeschouwer goed zijn ontgaan, maar de toegenomen euroscepsis is niet beperkt tot de 'oudere lidstaten' van de Europese Unie. Ook in de landen die in de eerste jaren van dit millennium lid werden van de Unie neemt de kritiek op het Europese integratieproject hand over hand toe. In toenemende mate worden de burgers van de nieuwe EU-lidstaten geconfronteerd met het feit dat het lidmaatschap van de Europese Unie niet betekent dat men het land van melk en honing is binnengetreden. Sterker nog, de toetreding tot de Europese Unie is in velerlei opzicht het beginsignaal geweest voor een keur aan economische hervormingen die sociaal gezien grote consequenties hebben. Er wordt fors gesneden in subsidies en belastingen worden indirect verhoogd. Dit roept bij grote delen van de bevolking in deze landen weerstand op, die ook politiek een uitweg zoekt en wat zich in Oost- en Midden-Europa vertaalt in de opkomst van rechts-populistische partijen.

Lange tijd was West-Europa voor veel Oost-Europese burgers een soort beloofd land, waar economische voorspoed en democratie hand in hand gingen. Dit beeld was extra krachtig omdat westerse landen, West-Duitsland voorop, ten tijde van de Koude Oorlog graag aan het staatssocialistische Europa lieten zien hoe goed het hen ging. Er werd bijvoorbeeld bijzonder veel in West-Berlijn geïnvesteerd om zo de buren in Oost-Duitsland te laten zien hoe goed de West-Duitsers het wel niet hadden. Het is dan ook niet vreemd dat veel Oost-Europese burgers de politieke vrijheden en het opkomende neoliberale beleid met elkaar in verband brachten. Zo kon het gebeuren dat veel Oost-Europese landen een nog liberaler beleid gingen voeren dan in West-Europa het geval was. Vijftien jaar na de val van de Muur en het staatscommunisme groeit echter de weerstand tegen het Europese integratieproject waartoe de meeste landen in de regio zijn toegetreden.

Deze weerstand is wellicht op dit moment het duidelijkst te zien in Hongarije. In 2006 braken in Boedapest gewelddadige rellen uit nadat toenmalig premier Ferenc Gyurcsány toegaf in de verkiezingscampagne ''s morgens, 's middags en 's avonds' gelogen te hebben over de staat van het land en de haalbaarheid van zijn plannen. Het waren de plannen om met harde bezuinigingen de criteria van de Europese Monetaire Unie te halen – en daarmee de weg te openen naar toetreding tot de euro – die tot grote woede en onlusten leidden. Veel Hongaren waren en zijn er niet van overtuigd dat deze maatregelen daadwerkelijk noodzakelijk en wenselijk zijn. Na de turbulente veranderingen van de afgelopen jaren hadden velen gehoopt dat de economische hervormingen nu hun einde zouden nemen. Zij voelen zich door de EU en de Hongaarse politiek misleid nu blijkt dat het lidmaatschap niet betekent dat de hervormingen voorbij zijn, maar dat zij juist met extra kracht worden voortgezet, met alle gevolgen van dien voor de samenleving.

Deze wijdverbreide gevoelens werden door de Europese Commissie echter niet serieus genomen. De reactie van de toenmalig Hongaarse EU-commissaris László Kovács was in deze zin typerend. Terwijl hij niet inging op de uitlatingen van premier Gyurcsány, gaf hij wel aan dat de hervormingsplannen in ieder geval zo snel mogelijk doorgevoerd moesten worden. Daarmee schaarde hij zich indirect achter de premier. Dat dit tegen de wil van een meerderheid van de Hongaarse bevolking inging, was daarbij ondergeschikt. Uiteindelijk, aldus de Commissie, zou de hele Hongaarse bevolking profiteren van dergelijke strenge maatregelen. Of dit daadwerkelijk ook het geval zal zijn is maar zeer de vraag. Met haar uitlatingen beïnvloedde de Europese Commissie het economisch debat in Hongarije. Dit is niet nieuw. Ook in de aanloop naar het lidmaatschap bemoeide Brussel zich zeer nadrukkelijk met de kandidaat-leden. De populariteit van het EU-lidmaatschap was voor veel Oost-Europeanen een van de belangrijkste redenen om de harde hervormingen te accepteren. Nu de beloning voor dit beleid echter uitblijft, keren burgers zich er in toenemende mate vanaf.

Politiek heeft dat ertoe geleid dat partijen die zich bijzonder kritisch opstellen tegenover de Europese Unie en westerse multinationals de wind in de zeilen kregen. Bij de verkiezingen in 2010 kreeg het rechts-conservatieve Fidezs, dat onder leiding staat van Viktor Orbán, een tweederde meerderheid in het Hongaarse parlement en won ook de extreemrechtse partij Jobbik, die bekend staat om zijn haat tegen zigeuners en Joden en zijn knokploegen. Sindsdien verkeert het land in vrijwel continue strijd met de Europese Unie. Het land overtreedt fundamentele principes van de democratie en verkeert in economisch zeer zwaar weer.

De ontwikkelingen in Hongarije zijn voor een groot deel de weerslag van processen die sinds de val van het staatscommunisme in dat land hebben plaatsgevonden. De snelle integratie in de Europese politiek en markt heeft bepaald niet alleen winnaars gebracht. Ook de ongelijkheid nam toe, net als de verschillen tussen stad en platteland. Wie vandaag de dag in een winkelstraat in het centrum van Boedapest rondloopt, heeft moeite de verschillen met andere Europese hoofdsteden te zien. Tegelijkertijd zijn de goederen die daar te koop worden aangeboden – tegen West-Europese prijzen – voor een groot deel van de Hongaarse bevolking niet te betalen. Daar komt bij dat het land voor een groot deel in de uitverkoop is gegaan waardoor alle cruciale industrieën en banken in buitenlandse handen zijn terechtgekomen. Het privatiseringsproces dat het gevolg was van het toetredingsproces tot de Europese Unie gaf multinationals als Volkswagen, ING en Heineken de mogelijkheid om de belangrijkste lokale industrieën op te kopen. Dat voedt de onvrede die nu, in tijden van crisis, zo duidelijk naar voren komt.

De ontwikkelingen in Hongarije staan niet op zichzelf. Ook in andere nieuwe lidstaten groeit de onvrede met de Europese Unie en staat de democratie onder druk. In het voorjaar moesten we constateren dat een land als Roemenië er sinds haar toetreding tot de Europese Unie in democratisch opzicht niet op is vooruit gegaan, maar zo ver is teruggegleden dat het het lidmaatschap van de Unie eigenlijk niet meer waardig is. Daarmee worden de twijfels voor de toetreding in 2007 bevestigd.

In Polen is de rechts-populistische partij PiS al een aantal jaar een kracht van betekenis, terwijl de Tsjechische president Václav Klaus al sinds jaar en dag de oppositie tegen verdere Europese integratie leidt, veelal met grote steun onder de Tsjechische bevolking.

Het is te simpel deze toenemende onvrede over het Europese integratieproject af te doen als een blijk van ondankbaarheid ten opzichte van de West-Europese landen, die toch o zo veel zouden hebben geïnvesteerd in de nieuwe lidstaten. Dat is ten dele zeker waar, de nieuwe lidstaten krijgen naar verhouding meer geld uit de regionale fondsen. Maar in werkelijkheid is de rekensom vele malen gecompliceerder; het geld dat in de vorm van winsten terugstroomt naar West-Europa moet er immers ook in worden meegenomen. Veel meer is het zaak deze onvrede serieus te nemen. Als de Europese Unie zich geen rekenschap wenst te geven van de sociale gevolgen van de economische maatregelen die zij de afgelopen twee decennia in het voormalige Oostblok heeft gepropageerd zou ze wel eens van een koude kermis thuis kunnen komen – en kunnen welvaart en democratie in de gehele Unie wel eens meer onder druk komen te staan dan ons allemaal lief zou moeten zijn.

7. Wie controleert het rijk van Minos? Het gebrek aan slagkracht van nationale parlementen

De Griekse mythologie is niet alleen negatief over koning Minos. Hij is een tragische figuur, omdat zijn kwaliteiten altijd in de schaduw zullen staan van de gevolgen van zijn gebroken belofte aan Poseidon. Zijn verdiensten zijn echter niet onbelangrijk: Minos verenigde alle inwoners van Kreta onder zijn bewind, mede omdat hij wijs was en goed recht kon spreken. Daarom werd hij na zijn dood rechter in de Hades, de Griekse onderwereld, en wees hij de overledenen hun plaats in het dodenrijk. De bestuurders van het huidige Europa blinken helaas niet uit in wijsheid en juist daarom is democratische controle noodzakelijk. Die functioneert echter zeer gebrekkig.

Een van de democratische kroonjuwelen van het Verdrag van Lissabon is volgens haar voorstanders de versterking van de nationale parlementen in het Europese besluitvormingsproces. Eindelijk zouden ook nationale parlementen directe zeggenschap krijgen over datgene wat er in Brussel besloten wordt. Tot dan toe was die invloed, als die er überhaupt al was, indirect. Parlementen controleerden de regeringen en konden dus voorafgaand aan Europese besluitvorming het standpunt van de eigen regering beïnvloeden. Dat deden die parlementen niet allemaal even stringent en effectief. Waar met name de Scandinavische landen, met Denemarken lange tijd voorop, duidelijke en uitgebreide instructies aan hun regeringsleiders hebben meegegeven, gebeurde dat in Nederland veel minder. Dat kwam deels uit politieke desinteresse, deels omdat de inzet van de eigen regering achteraf nooit helemaal te controleren was. Eurotoppen zijn immers besloten bijeenkomsten, waarbij input en uitkomst maar lastig aan elkaar te relateren zijn.

Dat de Europese Unie niet voldoet aan de democratische standaarden die op nationaal niveau worden gehanteerd, is een punt dat zelfs de voorstanders van de huidige Europese Unie erkennen. Maar ook met democratische regels geldt: *the proof of the pudding is in the eating*. En juist de gang van zaken rond de controle van Europese besluiten door nationale parlementen illustreert het wensdenken van de eurofiele politici in Nederland en daarbuiten.

Op zichzelf is het versterken van de rol van nationale volksvertegenwoordigingen een goede zaak. Vooral omdat het Europees Parlement toch vooral een gemankeerde volksvertegenwoordiging is. Het probleem met het Europees Parlement is in dat opzicht dubbel. Aan de ene kant heeft het parlement lang niet de publieke betrokkenheid en zichtbaarheid die nationale parlementen wel hebben. Het 'jonge' parlement is in veel opzichten zoekende naar een eigen rol, waarbij het voor elke nieuwe bevoegdheid vaak jarenlange strijd met andere Europese instituties moet leveren. Daarom kan het ook binnen de Europese context op geen enkele manier de primaire democratische rol op zich nemen die nationale parlementen in de individuele lidstaten wel dragen.

Maar naast dit institutionele probleem heeft het Europees Parlement ook een cultureel probleem. In de praktijk fungeert het namelijk vooral als een applausmachine voor verdere Europese integratie. Het parlement blijkt nauwelijks in staat tot kritische zelfreflectie over het doel van het integratieproces, laat staan dat het een vermogen tot *Selbstbeschränkung* bezit. In die zin kan het Europees Parlement in de huidige Europese Unie ook hooguit een ondersteunende rol vervullen in het waarborgen van de democratische controle op het besluitvormingsproces, naast de nationale controlemechanismen.

In die zin was het pleidooi, dat vanuit Nederland door onder andere de Tweede Kamerleden Han ten Broeke (VVD) en Luuk Blom (PvdA) naar voren werd gebracht, om de positie van de nationale parlementen te versterken geen gekke gedachte. Als nationale parlementen van mening waren dat de Europese Commissie haar boekje te buiten ging door met voorstellen te komen op terreinen waarvoor de nationale lidstaten zelf verantwoordelijk zijn, mochten zij hun bezwaar kenbaar maken. Het aanvankelijke idee om nationale parlementen een vetorecht toe te kennen sneuvelde echter. In plaats daarvan hebben nationale parlementen nu de mogelijkheid om gele en oranje kaarten te trekken. Gele kaarten, die door minstens een derde van de nationale parlementen worden ondersteund, dwingen de Europese Commissie tot heroverweging van de eigen voorstellen. Bij de oranje kaart, waarbij de helft van de nationale parlementen een bezwaar maakt, is deze procedure nog zwaarder en wordt de Raad van Ministers verzocht om het voorstel van de Europese Commissie naar de prullenbak te verwijzen.

Dat klinkt mooi, maar wat er op papier redelijk uitziet, moet zich in de praktijk wel kunnen bewijzen. En dat schiet sinds de inwerkingtreding van het Verdrag van Lissabon op z'n zachtst gezegd niet erg op. Voor een deel is dat wellicht aan de nationale parlementen te wijten, die te traag reageren op Europese voorstellen omdat deze vaak weinig prioriteit hebben. Maar er zijn ook structurele beperkingen in de huidige procedure, die het haast onmogelijk maken om een gele of een oranje kaart te trekken.

Dat begint al met het feit dat parlementen binnen acht weken nadat de Europese Commissie een plan heeft gelanceerd moeten aangeven dat het voorstel niet over een Europees, maar nationaal of lokaal onderwerp gaat. Deze beperkte reactietijd maakt het niet alleen lastig voor nationale parlementen om te besluiten of een onderwerp voldoet aan de subsidiariteitscriteria, het maakt het zelfs schier onmogelijk om andere parlementen in de Unie ervan te overtuigen dat zij deze bezwaren dienen te ondersteunen. Zo blijken de gele en oranje kaart in de praktijk een instrument voor de verdeel-en-heersstrategie van de Europese Commissie. In oktober 2011 moesten de nationale parlementen dan ook gezamenlijk constateren dat in de eerste twee jaar geen enkel voorstel van de Europese Commissie heroverwogen hoefde te worden. In de eerste twee jaar hadden in het 'beste' geval slechts negen van de veertig parlementen één van de twee kaarten getrokken. Deze parlementen kregen een vriendelijke brief van de verantwoordelijke eurocommissaris waarin hen verteld werd dat ze de juiste procedure hadden gebruikt, maar dat er niets zou veranderen.

Het duurde tot juli 2012 voordat er voor het eerst met succes een gele kaart werd getrokken. En daar was alle reden toe. In maart van dat jaar stelde de Europese Commissie voor het stakingsrecht dat in de meeste EU-lidstaten wettelijk is verankerd ondergeschikt te maken aan de regels van de interne markt. Rechters zouden moeten toetsen of stakingen de handel in de Europese Unie te zeer verstoren. Het initiatief van de Europese

Commissie past in een langere traditie, waarbij verschillende supranationale instituties van de Europese Unie proberen nationale arrangementen ondergeschikt te maken aan de interne vrije markt.

Vooral het Hof van Justitie speelt daarin een voortrekkersrol. Vanaf de oprichting ervan in 1952 heeft het Hof met haar uitspraken de speelruimte voor verdergaande integratie vergroot. Sinds de jaren tachtig van de vorige eeuw heeft het Hof zich in verschillende arresten ontpopt tot voorvechter van het marktmechanisme. Ten koste van sociale verworvenheden, die vaak op nationaal niveau zijn georganiseerd. In 2007 stelde het bijvoorbeeld in de geruchtmakende zaak Viking en Laval dat een collectieve actie van een vakbond een inbreuk kan vormen op een van de beginselen van het vrij verkeer. Daarmee verzwakte het de positie van de vakbonden, vooral ten opzichte van multinationale ondernemingen. Het voorstel van de Europese Commissie borduurt voort op deze uitspraak en legitimeert daarmee een inperking van het stakingsrecht. Daarmee zet de commissie volgens de vakbonden de bijl aan de wortel van het stakingsrecht.

Het waren de nationale parlementen die ook hier in actie moesten komen. Opmerkelijk genoeg heeft het Europees Parlement op dit terrein nu weer niets te zeggen, wat eens te meer aantoont dat de Europese volksvertegenwoordiging nog het nodige werk te verrichten heeft. De Nederlandse regering liet bij monde van Henk Kamp, minister van Sociale Zaken, weten niet zoveel interesse te hebben in het voorstel. Ze was er niet tegen, maar verwachtte dat andere landen wel bezwaar zouden maken. Die houding stuitte een meerderheid van de Tweede Kamer tegen de borst, en wel zo dat zij voor het eerst sinds de inwerkingtreding van het Verdrag van Lissabon bij andere parlementen ging lobbyen voor een gele kaart. In totaal schaarden 18 van de 54 Kamers van de lidstaten zich achter het Nederlandse bezwaar, waarmee ternauwernood het benodigde derde deel van de stemmen werd gehaald. Het is nu aan de Europese Commissie om te laten zien hoe zwaar zij deze gele kaart – en daarmee het nieuwe instrument van de nationale parlementen – laat wegen. Want een score van één bezwaar in drie jaar is niet echt iets om over naar huis te schrijven. Het wordt echter nog schrijnender wanneer blijkt dat met dat bezwaar ook nog eens helemaal niets gedaan wordt.

8. De dienaren van koning Minos: het wegkijken op het niveau van de lidstaten

De mythe van koning Minos vertelt hoe de Atheense leiders de koning van Kreta moesten smeken hun stad niet te vernietigen. De vreselijke voorwaarde die Minos daaraan stelde, was dat de stad veertien van haar kinderen jaarlijks moest offeren. Anders dan in de Griekse mythe zijn de lidstaten lang niet zo uitgeleverd aan de grillen van de Europese Unie als de leiders van Athene waren aan de koning van Kreta. Hoewel politici uit de lidstaten zich beroepen op de Europese Unie als boeman voor impopulair beleid, zijn hun keuzes – in tegenstelling tot die van hun Atheense evenknieën uit de mythologie – niet afgedwongen. Het argument 'het moet van Brussel' raakt vaak kant noch wal.

Het ondermijnen van de legitimiteit van de Europese Unie is lang niet alleen beperkt tot wat er in Brussel gebeurt. Ook binnen de lidstaten kunnen nationale politici er heel wat van. Dat is des te opmerkelijker omdat zij daarbij veelal met twee monden spreken: aan de ene kant wordt het belang van Europese samenwerking benadrukt, maar tegelijkertijd worden plannen en ideeën die men eigenlijk niet ziet zitten, of waartegen veel (maatschappelijk) verzet is, verdedigd met het adagium dat 'het moet van Brussel'. Met dat argument slaan zij niet alleen de inhoudelijke discussie dood; zij ondermijnen willens en wetens ook het binnenlandse draagvlak voor de Europese Unie. De schuld van impopulaire maatregelen wordt maar al te graag afgeschoven – en de Europese Unie is daarbij een favoriet slachtoffer. Soms is dat terecht, maar dat geeft ook te denken over het vermogen van nationale beleidsmakers om sturing te geven aan hetgeen in Brussel besloten wordt.

Opvallender is echter dat het argument 'het moet van Brussel' vaak helemaal niet opgaat. Het komt regelmatig voor dat dit argument feitelijk niet klopt, maar wordt ingezet om nationale plannen waaraan beleidsmakers zich eigenlijk niet willen committeren, in te bedden in de implementatie van Europese regelgeving. Een dergelijke 'nationale kop' wordt echter niet altijd ontmaskerd, laat staan dat het een reden is om plannen van de regering tegen te houden. Illustratief is de opmerking van Elco Brinkman, CDA-fractievoorzitter in de Eerste Kamer, tijdens de Algemene Politieke Beschouwingen van 2011. Brinkman trok stevig van leer tegen de nationale koppen die vaak op EU-richtlijnen worden geplaatst. 'Waar Europa na intensief overleg tot onderlinge afspraken komt, hoeven wij dit niet nog eens dunnetjes over te doen. Schaft het Nederlandse kabinet, net als het Engelse, onze oude en nieuwe koppen op de Euroregels in 2012 af?' Een stevige uitspraak, juist omdat de CDA-fractie in de jaren ervoor regelmatig om politieke redenen steun had verleend aan dergelijke nationale koppen. Bevraagd echter op welke voorstellen deze opmerking betrekking had, was het antwoord weer een stuk ontnuchterender: 'Wij zullen dat van geval tot geval bekijken.'

Maar de laatste opmerking van Brinkman was dichter bij de werkelijkheid dan het stoere voorstel dat hij even daarvoor had gedaan. Dat wordt goed geïllustreerd door de manier waarop de regering Balkenende IV en het parlement omgingen met de wijziging van de Paspoortwet in 2009. Toen deze wet in 2009 naar aanleiding van een Europese richtlijn werd gewijzigd, ging de regering namelijk verder dan de Brusselse voorschriften. De richtlijn beval slechts de opslag van de vingerafdrukken op een chip in het paspoort. Het kabinet Balkenende IV besloot echter deze eis te combineren met een voorstel tot het oprichten van een landelijke database, die ook gebruikt zou kunnen worden voor 'de opsporing van [daders van, red.] strafbare feiten' en voor 'onderzoek naar de veiligheid van de staat'. Daarmee werden kamerleden voor de afweging gesteld of tegen de Brusselse richtlijnen in te gaan, of de centrale database te slikken.

Pas toen behandelend staatssecretaris Ank Bijleveld hier expliciet op bevraagd werd, gaf zij toe dat deze landelijke database helemaal geen Brussels voorschrift was en dat dit plan gewoon uit de koker van de Nederlandse regering kwam. Reden om deze twee toch redelijk fundamenteel verschillende zaken, het uitgeven van veilige paspoorten en het opslaan van digitale vingerafdrukken voor veel meer dan dat, in ieder geval wettechnisch te scheiden, zag ze echter niet. En voor de CDA-fractie was – ondanks de expliciete uitspraak erover van de staatssecretaris – helemaal geen sprake van een nationale kop. Een meerderheid van de Senaat slikte deze koppelverkoop dan ook.

In haar rapport over de Paspoortwet bekritiseert de Wetenschappelijk Raad voor het Regeringsbeleid terecht 'het gebrek aan keuzevrijheid vanwege het feit dat de nieuwe Paspoortwet een zogenaamde nationale kop op Europese implementatiewetgeving vormde'. Nederland is namelijk verplicht Europese besluitvorming om te zetten in nationaal beleid, maar door daar van alles aan toe te voegen kunnen parlementariërs steeds moeilijker een zuivere afweging maken. Nationale koppen kwamen de afgelopen jaren overigens niet alleen voor bij de Paspoortwet, maar bijvoorbeeld ook bij de bewaarplicht van digitale gegevens, waarbij toenmalig minister van Justitie Hirsch Ballin de Europese richtlijn aanvulde met een extra lange bewaartermijn. In dat laatste geval liet de Eerste Kamer de regering overigens wel zijn tanden zien en werd de minister gedwongen de termijn in te korten – en ere wie ere toekomt: het was CDA-senator Hans Franken die daarin het voortouw nam. Ook in het geval van de digitale opslag van vingerafdrukken had het verhaal gelukkig een *happy end*. In het voorjaar van 2011 besloot minister van Binnenlandse Zaken Donner om de vingerafdrukken die in het kader van de nieuwe paspoortwet verzameld werden, voorlopig niet in een landelijke database op te slaan. Een wijs besluit, maar niet ingegeven door voortschrijdend inzicht in hoe Europese regelgeving ingevoerd dient te worden: de centrale database bleek te gevoelig voor fraude en spionage.

Nationale koppen spreken niet in het voordeel van nationale beleidsmakers die willen bijdragen aan maatschappelijk draagvlak voor Europese samenwerking, of het nu gaat om ministers, staatssecretarissen of parlementariërs. Wie een dergelijk draagvlak wil creëren moet wel eerlijk zijn over wat er precies moet en van wie – en over wie wat bedacht heeft. Een volksvertegenwoordiging die zichzelf serieus neemt, dient bij dit soort gelegenheden zijn tanden te laten zien en geen lippendienst te bewijzen aan principes die in de praktijk niet leidend zijn voor het handelen. Het probleem is geenszins exclusief voor Europese samenwerking. Wel zijn juist Europese richtlijnen vaak zo onduidelijk, dat het lastig is te controleren wat wel en niet is voorgeschreven, laat staan dat nationale parlementen er daadwerkelijk sturing aan kunnen geven.

9. De offers aan de Minotaurus: het EFSF en het ESM

De afgelopen jaren zijn er diverse malen offers gebracht aan de Minotaurus. Met noodfondsen probeerden Europese regeringsleiders de financiële markten tot kalmte te manen. Meestal zonder groot succes – de inkt van de afspraken was nog niet droog, of de beurzen geloofden al niet meer dat die voldoende zouden zijn. Gevolg: een nieuw en nog groter noodfonds, een nieuw offer aan de Minotaurus. Ondertussen ging dit proces ten koste van zorgvuldige nationale besluitvorming – en daarmee ten koste van de democratie.

Op dinsdag 11 oktober 2011 debatteerde de Eerste Kamer over de instemmingswet met het Europees noodfonds, het EFSF. Op grond van dit verdrag zou Nederland voor 42 miljard euro garant moeten staan in een fonds dat, als de nood aan de man komt, landen die onder druk van de financiële markten dreigen te bezwijken, zou moeten ondersteunen. Een historische beslissing, want nog nooit had de Nederlandse overheid met één besluit zo veel geld uitgegeven. Alleen, veel tijd voor een gedegen afweging was er op 11 oktober niet. De minister van Financiën, Jan Kees de Jager, had haast. Zo veel haast zelfs dat zijn persoonlijk assistent de griffier van de Commissie Financiën had laten bellen met het verzoek het wetsvoorstel zonder een schriftelijke behandeling direct plenair te agenderen.

Een hoogst ongebruikelijke procedure – en onnodig ook. Nederland was niet het laatste land dat het nood- fonds zou ratificeren. Sterker nog, in diverse andere landen moest het noodfonds nog parlementair worden behandeld – en in Slowakije weigerde het parlement zelfs in eerste lezing haar toestemming te geven aan het voorstel. Maar de minister wilde snel zijn en drong bij de Eerste Kamer aan op een spoedbehandeling. En de Senaat zwichtte. Zo kon het gebeuren dat Nederland na een debat van drie uur besloot voor 42 miljard euro borg te gaan staan. Ter vergelijking: eerder die middag debatteerde de Eerste Kamer na een eerdere schriftelijke voorbereidingsronde vierenhalf uur over een spoedwet van minister Donner waarin het gemeenten mogelijk werd gemaakt leges te heffen voor een identiteitskaart. En daar ging het om de relatief schamele inzet van 80 miljoen euro.

Maar niet alleen de tijd ontbrak; ook de inhoudelijke afweging was voor Nederlandse parlementariërs niet eenvoudig. Het Europese noodfonds was een moeilijke constructie, die door slechts een aantal experts vol- ledig doorgrond werd. Daarin stond het Nederlandse parlement niet alleen. Een aantal weken daarvoor had

ik tijdens de Parlementaire Assemblee van de NAVO uitgebreid gesproken met een aantal Duitse volksvertegenwoordigers van verschillende partijen. Ook zij wisten
niet precies waar ze nu precies 'ja' of 'nee' tegen zeiden.
En dat verontrustte hen zeer. Het EFSF was een sprong
in het duister, ingegeven door politieke afwegingen en
niet door een helder inzicht in de materie. Dat bleek ook
nog eens toen de Eerste Kamer net voor het zomerreces,
eind juni 2012, een tweede, nog groter noodfonds, moest
behandelen. Nu had de Senaat weliswaar iets meer tijd
voor behandeling, maar bleek, nog voordat de Eerste
Kamer haar instemming had verleend, niet alleen dat
het noodfonds nog groter zou moeten worden, maar
ook dat dit fonds voor andere doeleinden zou kunnen
worden gebruikt dan het redden van landen.

Met het aannemen van het Europees Stabiliteitsmecha-
nisme zou Nederland in totaal voor 137 miljard euro
garant gaan staan voor landen die in de problemen
komen ten gevolge van moeilijkheden in de eurozone.
Tijdens de behandeling bleken die afspraken echter al
achterhaald te zijn. Nog voor de behandeling in de Eerste Kamer besloten de regeringsleiders dat het Europese
fonds nog hoger zou moeten worden. De aanvankelijke
500 miljard was onvoldoende, het moest 700 miljard
zijn. Daarmee zou het fonds voldoende slagkracht en
een afdoende afschrikwekkende werking hebben op de
financiële markten.

Dat was echter nog niet alles. Het noodfonds zoals dat op 26 juni 2012 in de Eerste Kamer werd behandeld, was er alleen op gericht om landen te helpen die in de problemen zaten. Banken die in zwaar weer waren geraakt, konden er geen rechtstreeks beroep op doen. Tussen de behandeling en stemming over het wetsvoorstel veranderde dat echter. Tijdens een ingelaste eurotop in het weekend van 30 juni werden er nieuwe afspraken gemaakt en beweerde Europees president Van Rompuy dat banken wel degelijk rechtstreeks geld uit het ESM zouden kunnen ontvangen. Sterker nog: als daartoe besloten wordt, kunnen volgens Van Rompuy lidstaten dat niet blokkeren. Pas nadat minister van Financiën De Jager beloofd had dat hij een dergelijke steunoperatie eerst aan het parlement voor zou leggen, ging een meerderheid alsnog akkoord.

Noch het EFSF, noch het ESM leverde het gewenste resultaat op. Nog steeds hebben de financiële markten niet het vertrouwen dat het goed komt met de euro. Daarmee is het wachten op een nieuw noodfonds – of een andere vorm van zoenoffer richting deze markten. Hadden de Europese ministers de Griekse mythologie bestudeerd, dan waren ze tot heel andere oplossingen gekomen, en waren ze de strijd met de financiële markten aangegaan.

10. Hoe redden wij Europa van de Minotaurus?

Hoe redden we Europa van de Minotaurus? Hoe lang zijn we nog bereid miljardenoffers te brengen aan de financiële markten, die daardoor vaak niet langer dan een enkel ogenblik tevreden zijn? Sinds het uitbreken van de crisis zijn er miljarden in noodfondsen gestopt, die niet alleen in democratisch opzicht gammel zijn, maar ook niet in staat blijken de crisis te stoppen. De financiële markten verloren hun vertrouwen in de fondsen vaak al enkele uren nadat die aangekondigd waren. Met als gevolg: nieuwe en hogere noodfondsen, nieuw vlees voor de Minotaurus.

De structurele weeffouten van Maastricht trekken een grote wissel op de economie, politiek en de samenlevingen van de Europese landen. De huidige eurocrisis is het gevolg van fundamentele constructiefouten in het Europese bouwwerk. De lidstaten verschillen te veel van elkaar, zowel wat betreft de economie, het sociale systeem als de politieke cultuur. Een gemeenschappelijke munt houden is mede daardoor erg moeilijk. Juist daarom geldt dat, meer nog dan het redden van de euro, de onderliggende problemen moeten worden aangepakt. Anders zullen we van de ene crisis in de andere rollen.

Eén ding is zeker: de weg uit de crisis is niet gemakkelijk en gaat niet zonder pijn. Meer dan twintig jaar Europees beleid in een verkeerde richting, dat draagvlak onder de burgers ontbeerde, is niet zomaar op het rechte spoor te zetten. Toch moet daar nu mee begonnen worden, voordat de crises zich verder verdiepen en de weg naar een ander, socialer Europa nog steiler en moeilijker wordt. De weg uit de crisis is evenmin eenduidig, hoezeer ook de voorstanders van de huidige aanpak ons willen doen geloven dat deze de enige begaanbare weg is. Wellicht is de door hen gekozen route de enige voor degenen die het neoliberale beleid van concurrentie in plaats van samenwerking willen voortzetten, maar alternatieven zijn er wel degelijk. En welke weg Europa uit de crisis kiest, hangt ook af van de wil en het doorzettingsvermogen van hen die een ander Europa willen.

Samenwerking in Europa is jarenlang een goed middel geweest om gemeenschappelijke doelen te bereiken: vrede, stabiliteit en welvaart. De laatste jaren is samenwerking tot een doel op zichzelf verheven. Daarbij zijn de oorspronkelijke doelstellingen overboord gezet. Wil Europa een toekomst hebben, zal samenwerking weer ten dienste moeten komen te staan van de burgers van Europa en hun wensen en behoeften. Daarvoor zullen minstens twee dingen moeten veranderen. Allereerst zullen we het huidige pad van een Europa – wel één markt en één munt, maar geen oog voor de sociale gevolgen van het huidige beleid – moeten verlaten. Daarnaast zullen we moeten werken aan meer draagvlak voor Europese samenwerking onder de burgers van de verschillende lidstaten. Het één gaat hand in hand met het ander, zoals het ontbreken van draagvlak en oog voor de sociale gevolgen van beleid ook hand in hand ging met het ontstaan van de crisis.

I Naar samenwerking in plaats van concurrentie

We zouden, net als in de mythe van de Minotaurus, het lef moeten hebben om de draad van het Europese integratieproject weer op te pakken en te onderzoeken waar het verkeerd is gegaan. Om vanaf dat punt een ander, wel begaanbaar, pad in te slaan. Ronddwalen in het doolhof, zonder inzicht en overzicht helpt ons niet verder. Ook voor het Europese project geldt: beter ten halve gekeerd dan ten hele gedwaald.

En dus zullen we moeten herstellen wat sinds het Verdrag van Maastricht verkeerd is gegaan. Niet door een grote sprong verder richting het neoliberale einddoel: één Europese Superstaat, waar markt en concurrentie alfa en omega zijn van het beleid. Het Europese project moet terug naar zijn oorsprong: landen die door samenwerking de onderlinge banden versterken en zo aan vrede, veiligheid en welvaart werken. Dat was ook het belangrijkste ingrediënt van het succes ervan tot de jaren negentig. Het integratieproject ging toen uit van samenwerking tussen lidstaten, waarbij het wederzijds belang van de landen – en daarmee die van hun bewoners – voorop stond. In de jaren negentig en daarna zijn landen tegen elkaar opgezet om bijvoorbeeld te concurreren op belastingtarieven, zijn werknemers tegen elkaar opgezet door grenzen open te gooien en vandaag de dag worden burgers tegen elkaar opgezet met verhalen over luie Zuid-Europeanen, die op de pof leven en een gat in hun hand hebben. Daarmee wordt daadwerkelijke samenwerking ondermijnd en verliest Europa haar legitimiteit. Vrije handel tussen landen kan grote voordelen brengen, als ze niet wordt gezien als doel op zichzelf, maar als middel om de welvaart van burgers te vergroten.

Dat geldt ook voor de euro. Een muntunie is inherent instabiel wanneer de rijke en sterke economieën een structureel overschot hebben op hun betalingsbalans ten opzichte van de armere en zwakkere economieën. Dat Nederland zich in tijden van crisis kapot wil bezuinigen, de loonkosten verder wil drukken en de handelsoverschotten – ook naar de Zuid-Europese landen – probeert te vergroten, werkt deze problemen alleen maar verder in de hand. Daarmee draagt Nederland er, wellicht ongewild, aan bij dat het steeds onwaarschijnlijker wordt dat een land als Griekenland ooit haar schulden aan ons land kan afbetalen. De kredieten die nu aan Griekenland worden verleend, zijn alleen terug te verdienen als het land ook daadwerkelijk de gelegenheid krijgt om te groeien en te exporteren. Het huidige beleid leidt er alleen maar toe dat de Griekse economie verder krimpt. De leningen worden niet gebruikt om het land weer zicht op een betere toekomst te geven, maar om de banken, waarvan de hoofdkantoren vooral in Frankrijk en Duitsland staan, af te betalen. Daarmee is dit beleid geen teken van solidariteit en lotsverbondenheid, maar van knevelarij.

Bij een oplossing voor de crisis hoort dat Griekenland en landen die in met die van Griekenland vergelijkbare problemen zitten, in staat gesteld worden om hun economie op orde te krijgen. Duidelijk is dat daarbij de politieke en economische systemen van deze landen grondig dienen te veranderen. Zo zal in Griekenland de corruptie en het belastingsysteem moeten worden aangepakt – vooral over de hoge inkomens en vermogens, die nu de dans juist vaak ontspringen, moet het land belasting gaan heffen. Dat lukt echter alleen als de burgers ook perspectief krijgen op een uitkomst uit de crisis. Griekenland zal in een soort schuldhulpverlening moeten komen, waarbij de eerste jaren onmiskenbaar zwaar zullen zijn, maar waarbij het land uiteindelijk de mogelijkheid krijgt om een nieuwe start te maken.

Op een fundamenteler niveau zullen we moeten voorkomen dat landen opnieuw dusdanig in de greep van de financiële markten komen dat zij de controle over hun eigen toekomst verliezen. Dat kan alleen als we deze markten weer aan banden leggen, zoals dat in het grootste gedeelte van de naoorlogs periode ook het geval was. In de tijd van economische wederopbouw lag de Minotaurus uit ons verhaal aan een stevig touw en werd zijn kracht slechts gebruikt om de samenleving als geheel vooruit te helpen. Sinds het einde van de jaren tachtig is dat touw van wet- en regelgeving steeds langer geworden, totdat het ergens aan het begin van dit millennium knapte. Daaruit moeten we lering trekken en iemand moet de financiële markten vertellen dat het speelkwartier voorbij is. De Minotaurus moet worden aangelijnd voordat zij nieuwe slachtoffers maakt. Daarbij kan het zo zijn dat veel oude arrangementen niet meer werken, maar dat mag geen reden zijn om de boel maar de boel te laten. De Minotaurus dient te worden verslagen en dat kan alleen als we de confrontatie met het beest durven aan te gaan.

II Werken aan steun en draagvlak

Maar niet alleen de macht van de financiële markten moet aan banden worden gelegd. Minstens zo belangrijk is het dat het Europese samenwerkingsproject het vertrouwen van de Europese burgers herwint. Het integratieproces van de afgelopen twintig jaar is voor veel mensen veel te snel gegaan. Wellicht geldt dat niet voor de hoogopgeleide kosmopolitische elites in de hoofdsteden van de lidstaten en voor de *captains of industry* van de grote ondernemingen die zitting hebben in de Europese Ronde Tafel, maar het gaat wel op voor de

grote meerderheid van de bevolking van Nederland
– dat laten opinieonderzoeken en ook het 'nee' tijdens
het referendum over de Europese Grondwet zien. De
beleidsmakers in Den Haag en Brussel hebben hiermee
echter niets gedaan. Sterker nog, het integratieproces
is versneld en de eurocrisis is als aanleiding misbruikt
om in nog hoger tempo nog meer bevoegdheden naar
Brussel over te dragen.

Daarmee draagt dit beleid eraan bij dat mensen zich
steeds minder thuis voelen in hun Europa. Het Europa van de Brusselse bemoeizucht en de opgelegde
euro wordt door velen als een externe mogendheid gezien. Een mogendheid die geen rekening houdt met de
problemen die de mondialisering met zich meebrengt,
die alleen maar pleit voor verdere versobering van de
verzorgingsstaat en vermarkting van wat ooit publiek
en daarmee van ons allemaal was. Net zo hard als de
voortmalende concurrentie ondermijnt deze onvrede
een duurzame toekomst van de Europese Unie.

Alleen daarom al zullen we een pas op de plaats moeten
maken met het overdragen van bevoegdheden. Europese beleidsmakers zullen moeten erkennen dat de grote
stappen die de afgelopen twintig jaar zijn gezet niet geleid hebben tot een Europees gevoel van lotsverbondenheid. Sterker nog, wie vandaag de dag door Griekenland
loopt, ziet juist toegenomen vijandigheid tegenover
landen als Duitsland. Wie in mei 2012 in Ierland was

tijdens het referendum aldaar over het Europese Groei- en Stabiliteitspact kon voor het Ierse parlement het stille protest zien van een man die in legeruniform naast een bord stond met de tekst: 'German Bundestag, Irish Office'. De ludiek bedoelde vvd-poster met de tekst 'Die beker mogen ze hebben, onze kredietwaardigheid niet' leidde in Spanje tot grote verontwaardiging. Het mag anekdotisch lijken, het is een teken van toegenomen spanning tussen de bevolkingen van de verschillende lidstaten.

Alleen als we de komende jaren vooral investeren in draagvlak voor de Europese Unie kan die de fundamentele crisis te boven komen. Bij dit investeren past meer democratie en meer transparantie. We zullen afscheid moeten nemen van het idee dat meer samenwerking per definitie goed is. Samenwerking deugt alleen wanneer de doelstellingen op orde zijn en de betrokken partijen ermee instemmen. Brusselse beleidsmakers zullen van het idee af moeten dat democratie en open besluitvorming slechts een hinderlijke sta-in-de-weg zijn voor een succesvol project. Zij zijn een inherent onderdeel daarvan. De toekomst van de Europese Unie zal democratisch zijn óf de Unie zal op termijn niet meer zijn.

In de Griekse mythologie werd de Minotaurus verslagen, omdat Theseus het lef had om niet aan het monster en zijn bloeddorstige behoeften te gehoorzamen. En omdat hij zo slim was om vooraf al na te denken over hoe hij na deze overwinning de uitgang naar de vrijheid weer zou kunnen vinden. Wat dat betreft kan Theseus voor de huidige politici in Europa een voorbeeld zijn. Het zinloos offeren moet stoppen. De crisis is alleen te verhelpen door de financiële markten hun plaats te wijzen en na te denken over hoe Europese samenwerking niet alleen de banken, maar vooral de burgers kan dienen.

d